말의
무게

에티엔, 바니나, 로라에게.

L.M.

Title of the original French edition: Ce que pèsent les mots
text by Lucy Michel
illustrations by Mirion Malle
© 2020 editions La ville brûle(France) – lavillebrule.com
All rights reserved.

Korean translation rights © 2022 by YellowPig Publisher
Published through the intermediary of the
literary agencyt BOOKSAGENT – France(www.booksagent.fr) and
Literary Agency Greenbook - Korea

우리를 살리고 죽이는 말의 모든 것

말의 무게

뤼시 미셸 글
미리옹 말 그림
장한라 옮김

초록
서재

일러두기

· 모든 외래어는 국립국어원의 외래어 표기법에 따라 옮겨 썼습니다.
· 본문 가운데 '맞춤법은 살아 있다', '평등한 말과 글' 챕터는 원서의 '프랑스 철자법'과
  관련된 챕터를 우리나라의 배경적 지식과 상황에 맞게 바꾸어 썼습니다.

차 례

말이 말하고 싶은 것

우리는 왜 말을 할까요? 우리가 말할 때 실제로는 스스로와 세상에 대해 어떤 얘기를 하는 걸까요? 욕을 하거나 별명을 부르는 행동은 왜 문제가 될까요? 말로써 상처를 주거나, 반대로 상황을 더 낫게 만들 수도 있을까요?

청소년 시절, 저는 제 어머니가 왜 명사를 쓸 때 성별을 잘 구분하지 못하는지 이해할 수 없었어요. 어머니는 서른 살쯤 프랑스로 온 영국인이었답니다. 여성형과 남성형을 제대로 구분하지 못하고 혼동해서 쓸 때면[1] 저는 견딜 수가 없었고, 꽤나 야멸차게 지적하곤 했죠. 몇 해가 흐르고 나서 그때를 떠올려 봤어요. 프랑스어의 복잡한 원리는 물론, 제가 그렇게까지 성을 냈던 이유가 무엇인지 궁금해지더군요. 그렇게 언어는 점차 공부와 일의 중심에 자리 잡았어요. 저는 프랑스 문학과 프랑스어를 공부했고, 프랑스어의 문법적 성에 대해 박사 학위 논문을 썼고, 프랑스어 교수가 되었어요. 아주 잠깐 중학교에서도 일했고요.

청소년 시기에 품었던 궁금증과 저의 직업 그리고 연구 덕분에 이해할 수 있었어요. 말 뒤에 숨어 벌어지는 일들이 정말 중요하다는 사실을 말이지요. 누군가와 대화를 나누며 어떤 말을 쓴다는 건, 그 말이 지닌 공통적인 의미에 동의하는 것이기도 해요. 그리고 말을 전할 때면, 여러 사회 구성원들의 인식에 영향을 끼치는 신념과 이미지도 함께 전달됩니다.

사실 언어는 평등하지 않아요. 말이 저지르는 폭력은 물론, 언어와

---

1   옮긴이 주: 프랑스어에는 문법적 성이 존재하며, 여성형과 남성형으로 구분해 표현한다.

관련되거나 언어 때문에 생기는 차별[2]은 사회에서 가장 계층이 낮은 사람들에게 더 많은 피해를 줍니다.

또한 모든 사람이 발언권을 동등하게 쥐고 있지는 않아요. 모든 사람의 말이 같은 방식으로 들리는 것도 아니고요. 다른 사람 말에 모두가 같은 영향을 받지도 않습니다.

언어를 사용하는 방법에 관한 질문은 수도 없이 많습니다. 그 모두의 답을 찾기도 힘들고요. 그래서 이 책에서는 말을 한다는 것이 그저 단순히 단어를 사용하거나 입에서 소리를 내거나 정보를 전하는 것만은 아니라는 점을 보여 주고자 해요. 말하는 행위는 구분을 짓고, 등급을 나누고, 위계질서를 만들고, 차별하고, 세상에 영향을 끼치는 일이기도 합니다.

---

2   작가 주: 사람이나 집단을 각각 등급이나 수준을 정해 차이를 두고 구별해서 대하는 것을 가리킨다.

이름을 붙인다는 것은 행동하는 것

텔레비전 프로그램에서 진행자가 초대 손님의 가슴 한쪽에 강제로 입을 맞춘다고 상상해 보세요. 그 자리에 함께한 사람들은 그저 웃고, 몇몇 언론에서는 이 행동을 '일탈'이라 이른다고도 말이죠. 그러다 결국 진행자가 사과하며 자기가 조금 '둔감했다'면서, 몇몇 기사나 온라인에서 자신의 행동을 '성폭력³'이라고 이름 붙이는 바람에 상처를 받았다고 말한다면 어떨까요?

놀랍게도 이 사건은 2016년에 프랑스에서 실제로 벌어진 일이에요. 유명한 사회자인 시릴 아누나(Cyril Hanouna)가 진행하는 프로그램이었죠. 안타깝게도 비슷한 일들은 계속해서 일어나고 있습니다. 몇몇 언론에서 '성폭력' 대신 '일탈'이라는 단어를 썼다는 점이 중요한데요, 단순한 단어 사용의 문제만은 아닙니다. 가해자가 '일탈했다'고 말하면, 가해자가 저지른 행동은 가해자의 잘못이 아니며 딱히 큰일을 저지른 게 아니라고 말하는 셈이니까요.

그렇게 생각하기 시작하면 이런 질문들이 튀어나오겠죠. "일탈하게끔 이끈 사람은 누구일까? 무엇이 그 남자가 스스로를 통제할 수 없도록 영향을 줬을까? 여자가 가슴 부분이 드러난 옷을 입고 있었나? 그 여자가 '자초한' 건 아닐까?" 이런 질문들은 모든 원인을 피해자 탓으로 돌립니다. '성폭력'이라는 용어를 쓰지 않음으로써 상황의 본질을 가리지요. 하지만 앞서 이야기한 진행자의 행동은 분명히 범죄입니다. 법적 문제를 떠나서 보더라도, 권력과 신뢰를 악용한 행동이고요.

---

3   작가 주: 프랑스법에서 성폭력은 범죄로 규정되며, 징역 5년과 벌금 75,000유로로 선고된다. 강간은 징역 15년을 선고받는 범죄이다.

말이 어떤 영향을 끼치는지를 이러한 사례를 통해 뚜렷하게 알 수 있습니다. 이름을 붙인다는 건 결코 중립적인 행동이 아니에요. 우리가 말하거나 글을 쓸 때에 고르는 모든 단어는 우리가 사람 혹은 사회와 어떤 관계를 맺는지 잘 알려 주니까요.

성폭력이나 폭력, 인종 차별적인 말과 행동을 가리킬 때면 '사고'나 '일탈'이라는 단어가 매우 자주 쓰이곤 합니다.

- 한 의사가 열네 살 청소년에게 성폭력을 저질렀을 때, 어느 프랑스 신문에서는 "번아웃에 시달린 의사가 열네 살 환자에게 저지른 일탈적인 행동"이라는 제목으로 기사를 내놓았습니다.

- 어느 당선자가 바 종업원에게 인종 차별적인 욕을 했을 때, 프랑스의 공영 방송에서는 '인종 차별적인 일탈'이라고 언급했습니다.

일탈이라는 표현은 범죄를 저지른 사람의 책임이 그렇게까지 크지는 않다고 느끼게 합니다. 더 나쁘게는 이렇게 생각하도록 만들 수도 있습니다.

'일부러 그런 건 아니잖아. 고작 그런 일로 일자리에까지 위협을 받는다면 너무하지 않나?'

이런 식으로 말이에요. 그런데 일탈을 저지르는 사람들은 대부분 권력을 지닌 경우가 많습니다. 프랑스에서는 주로 성공한 백인 남성들이지요. 반대로 그렇지 않은 사람들이 논란을 일으키면 어떨까요? 범죄를 저지른 사람이라고 손가락질하며 결코 용서하지 않습니다.

이처럼 단어를 골라 쓰는 것은 강력한 정치적 행동[4]입니다.

---

4   작가 주: 어떤 행동이 사회생활에 영향을 끼친다는 뜻이다. 우리는 스스로 하는 말이나 행동이 정치적이라는 점을 늘 의식하며 지내지는 않지만, 이 점을 신경 써야 하는 경우도 많다.

• 폭력을 폭력이라 부르지 않고 오히려 심각성을 축소한다면, 이는 폭력을 아무것도 아닌 일로 만드는 셈입니다. 심지어는 '웃긴' 이야기로 치부되기도 하지요.

• 폭력을 있는 그대로 폭력이라고 부를 때, 그 폭력을 저지른 사람의 책임이 낱낱이 드러납니다. 그래야만 어떤 점에서 받아들일 수 없는 행동인지를 보여 줄 수 있습니다.

말은 중립적이지 않고,
아무렇게나 다른 말로 바꿀 수도 없습니다.
말의 사용과 선택은 현실에 큰 영향을 끼친답니다.

말이 사람을 죽여요!

말이 중립적이지 않다는 사실을 알았으니, 이제는 구체적이면서도 특히나 심각한 사례를 찬찬히 살펴보겠습니다. 남성이, 그중에서도 특히 배우자인 남편이 여성에게 폭력을 저지르거나 여성을 살해한 사건[5]을 수많은 언론이 어떻게 이야기하는지 알아보려 해요.

신문에서는 위와 같은 사건들을 '감정적으로 저지른 범죄'라거나 '가족 사이에서 벌어진 비극'이라고 표현하곤 합니다. 이러한 표현은 질투

5　작가 주: 여성(Female)과 살해(Homicide)라는 단어를 합쳐 페미사이드(Femicide)라고도 한다.

나 실망, 거절이나 사랑 때문에 폭력과 살인이 벌어졌다고 생각하게 만듭니다. 여러 프랑스 신문에 실린 아래 표현들을 살펴볼까요?

• 2018년 5월 23일, 한 남자가 자기 아내를 때린 사건 기사에 "망신당한 남편이 징역 1년 형을 받다"라는 제목이 달렸습니다.

• 2018년 6월 12일, 한 남자가 길에서 전 부인을 폭행하고 집 앞에 오물을 뿌리기까지 한 사건 기사에 "거절당한 연인이 오물을 뿌리다"라는 제목이 달렸습니다.

• 2018년 5월 9일, 한 남자가 자기 아내를 커터 칼로 공격한 사건 기사에 "커플 사이에서 일어난 참사"라는 제목이 달렸습니다.

• 2019년 2월 19일, 한 남자가 자기 아내를 칼로 찔러 죽인 사건 기사에 "부부의 비극"이라는 제목이 달렸습니다.

• 2019년 5월 24일, 한 남자가 자기 아내를 220볼트 전선으로 감전시킨 사건 기사에 "십자말풀이 퍼즐을 풀려고 끙끙대던 여자를 감전시킨 남자"라는 제목이 달렸습니다.

• 2019년 8월 18일, 한 남자가 화상을 입힌 뒤 아내를 죽인 사건 기사에 "술집 가수와 그 아내의 죽음을 향한 발걸음"이라는 제목이 달렸습니다.

이런 기사 제목[6]은 폭력과 살인이라는 중범죄를 부부나 연인처럼 가까운 관계라는 틀 안에 집어넣습니다. 기사에 등장하는 '망신당한 남편'이나 '거절당한 연인'에게 사람들은 동정심을 느낄 수도 있지요. 동시에 범죄가 일어나는 데 피해자가 구실을 줬다는 뜻도 담겨 있고요.

---

6   작가 주: 인용된 모든 기사 제목은 저널리스트이자 페미니스트인 소피 구리옹(Sophie Gourion)이 운영하는 텀블러 블로그 '말이 사람을 죽인다(Les mots tuent)'에 실려 있다. 이 블로그 첫 화면에는 알베르 카뮈의 문장이 쓰여 있다. "잘못된 이름을 붙이는 행위는 이 세계에 불행을 더하는 일이다."

남편이 아내에게 망신을 당하고, 한 남자가 연인에게 거절당한 그 행위에 초점을 맞추는 것만이 아닙니다. 남자가 폭력을 저지르게끔 여자가 부추겼다는 의미를 담은 합리화는 사건을 실제보다 덜 심각하게 느끼도록 합니다. 신체적 폭력이나 살인 사건인데도 말이지요.

성폭력과 부부간 폭력을 가볍게 취급하는 방식은 인종 차별적 폭력을 다루는 방식과도 비슷합니다. 이런 사건들이 신문에 짤막한 기사 정도로만 실리곤 합니다. 딱히 중요하게 다룰 필요가 없는 단편적인 상황으로 여기는 것이지요. 그 결과 이러한 문제들이 일상적이며, 참아야 하는 일 정도로 여기게끔 만듭니다. 누구에게나 일어날 수 있는 문제라고 말이지요. 하지만 전혀 그렇지 않습니다.

• 여성을 (또 많은 경우 아이들을) 폭행하는 쪽은 대부분 남성입니다.

• 배우자를 죽이는 사람은 대부분 남성입니다. 여성들은 단지 여성이라는 이유로 죽임을 당하는데요, 바로 그 때문에 '페미사이드'라는 용어가 생겼습니다.

• 백인이 아닌 사람들을 대상으로 인종 차별적인 폭력을 저지르는 사람들은 바로 백인입니다.

언론은 이런 식으로 벌어지는 폭력을 우연한 실수나 사고처럼 표현하곤 합니다. 그러면서 폭력이 사회에서 차지하는 어두운 영향력을 감추지요. 또한 폭력 사건에서 엄연한 당사자인 피해자를 따로 떼어 낸 채, 그들의 목소리를 중요하게 다루지 않고 그들에게 귀 기울이지 않습니다.

이러한 태도는 뼛속 깊이 인종 차별적이고 성차별적인 사회에서나 존재할 수 있습니다.

중요한 개념 두 가지

- 인종 차별은 인종만으로 편견을 세우고 불평등을 강요하는 일을 말해요. 이때 인종이란 생물학적인 개념보다는 사회적인 개념입니다. 민족적 특성이 드러나는 외모나 피부색을 이유로 특정한 사람들만 차별을 겪는다는 점에서 사회적 인종이라 할 수 있지요. 생물학적인 면에서만 인종을 논하는 것은 엄청난 문제의 소지가 있으며, 인종 차별이 자연적으로 정당화된다는 위험한 생각을 갖게 될지도 모릅니다.

- 성차별이란 성별이나 젠더에 따라 차별하는 행동을 말합니다.

기존 체제를 옹호하기 위해
말이 어떻게 쓰이는지를 짚어 내는 것만으로도,
부당한 체제를 박차고 빠져나오는
첫걸음이 될 수 있어요!

상황은 점차 바뀌어 가고 있습니다. 프랑스 언론에서는 '페미사이드'라는 용어를 점점 더 자주 쓰고 있지요.[7] 프랑스의 몇몇 신문들은 이 용어가 지니는 중요성과, 이 말을 쓰는 이유를 담은 기사를 펴내기도 했습니다. 이 용어를 일관성 있게 쓰는 신문도 있고요. 페미사이드를 법적으로 인정하자는 논의 또한 2017년부터 이루어지고 있습니다.

---

7   편집자 주: '페미사이드'라는 용어는 프랑스뿐 아니라 전 세계적으로 널리 쓰이며, 그 실태 또한 점점 더 드러나고 있다. 세계보건기구(WHO)는 페미사이드를 '여성이라는 이유로 연애 상대, 동거인, 배우자에게 살해당하는 사건'으로 정의하며, 국제연합(UN) 역시 페미사이드의 심각성과 그에 관한 대책 및 감시를 강조한다.

'우리'가 아닌 사람들을
부르는 방법

고대 그리스에서는 그리스어를 쓰지 않는 사람들을 가리켜 '야만인'이라고 불렀습니다. '야만인'이란 외국인들, 더 넓게 보자면 그리스 사회에 맞지 않는 모든 사람을 가리키는 말이었어요. 바로 느껴지듯 그들을 비하하는 표현이었지요. 가장 높은 자리에 그리스 사람들을 두고, 그 아래로 나머지 사람들이 자리 잡은 모양처럼 느껴지기도 합니다. 한

편에는 같은 문화에 따라 모인 '우리'가 있고, 다른 편에는 '그들(야만인들)'이 있었습니다.

이름을 붙여 사람을 나누는 방식은 여러 시대에서 이루어져 왔습니다. 예를 들어 프랑스에서는 '미개인'이라는 말이 16세기부터 최소한 19세기까지는 많이 쓰였어요. 한편에 '문명인'이 있고 다른 편에 '미개인'이 있다고 얘기하면, 후자는 마치 완전한 사람에 이르지 못한 존재처럼 느껴지지요. 바로 이런 식으로 특정한 사람들을 인간 이하로 만들었던 것입니다.

완전히 인종 차별적인 이런 구분은 오랫동안 아프리카, 아시아, 아메리카 대륙의 수많은 나라에서 식민 지배[8]를 정당화하는 데 쓰였습니다. 식민 지배자들은 식민 지배란 '미개인'에게 '문명'을 가져다주는 일이라고 주장했어요. 이 단어들에 작은따옴표를 붙인 이유는, 이 말들을 파헤쳐 그 뒤에 숨은 꿍꿍이를 알아봐야 하기 때문입니다.

• 식민 지배자들은 프랑스나 유럽 등 자신들의 본국과는 다른 모습의 사회를 모두 '문명화'해야 하는 곳으로 취급했습니다.

• 또한 문명을 진보적인 것, 즉 도움이 필요한 사람들에게 가져다줘야 하는 긍정적인 것으로 여겼지요.

• 사실 식민 지배란 열등하다고 여기는 영토와 사람들을 폭력적으로 정복하는 일이었습니다. 그 사람들에게 복종하거나 죽으라고 명령을 내렸으니까요.

• 식민 지배를 받은 사람들은 거의 모두 강제로 일하고, 학살당했으며, 성폭력을 비롯한 폭력에 시달리고, 천연자원과 문화 자원을 약탈

---

8 작가 주: 힘을 써서 영토를 차지하고 그곳에 사는 사람들과 자원을 이용하는 일을 가리킨다. 우월감에 바탕을 두고 있으며, 이는 인종 차별적 이데올로기를 근거로 삼아 합리화한 것이다.

당했습니다. 식민 지배자들은 이 사람들을 열등하게 여기며 모든 만행을 정당화했지요.

물론, '미개인'이라는 단어 자체에 모든 책임이 있지는 않아요. 그러나 바로 이 단어가 '그들'은 '우리 프랑스인이나 유럽인'보다 가치가 훨씬 떨어진다는 생각을 대중 사이에 자리 잡게 했습니다.

인종 차별적 위계질서

식민주의적으로 쓰던 단어들 가운데 '미개인'은 차츰 사라졌지만, '원시인'이라는 개념은 오늘날에도 여전히 남아 있습니다. 언뜻 보면 받아들일 수 있을 만한 단어 같지만, 결코 그렇지 않습니다. 어떤 사람을 '원시적'이라고 한다면 그 사람은 진화가 덜 되었다는 뜻이 됩니다. 그러면 또다시 같은 문제가 벌어지고 인종 차별적인 위계질서로 돌아가겠지요.

어떤 사람이나 집단에 이름을 붙이는 것은
그들을 틀에 집어넣는 것과 같습니다.

다르게 부르기

앞서 살펴봤듯, 이름을 붙이는 행위를 자세히 보면 '그들'에 대한 생각과 이미지와 가치를 잘 이해할 수 있어요.

이름을 붙이는 방식은 인종 차별적, 성차별적, 호모포비아적 문화가 퍼지는 데 큰 영향을 끼칠 수 있습니다. '동성애자' 대신 '호모'라는 단어를 쓰는 사람이 있다고 가정해 볼까요? 그 사람은 그 단어를 쓰기로 '선택'한 것입니다. '흑인' 대신 '검둥이'라는 단어를 쓰는 것 또한 마찬가지고요.

이러한 선택은 개별적이거나 개인적인 행동이 아닙니다. 사회적이고 문화적인 재현[9]에 영향을 끼치기 때문에 더욱 중요하지요.

따라서 우리가 불리는 방식은 우리 정체성의 일부를 이룹니다. 인종 차별이나 성차별, 호모포비아[10]를 견뎌야 하는 사람들은 그러한 정체성의 일부를 직접 선택한 것이 아닙니다. 다른 이들이 그들을 일컬을 때 쓰는 단어 때문에 차별적인 상황에 놓이게 되지요.

검둥이가 아니라 흑인입니다

프랑스의 영화감독 아망딘 게이(Amandine Gay)는 2016년 1월 11일, 라디오 프로그램 '검둥이가 아니라 흑인입니다'에서 이러한 문제에 대해 이야기했습니다.

9　작가 주: 사물이나 사람을 인식하고 상상하는 집합적인 방식을 일컫는 개념이다.

10　작가 주: 동성애자를 향한 두려움이나 증오를 가리키며, 동성애자 혹은 동성애자라고 여겨지는 사람들을 의식적으로든 무의식적으로든 차별하는 일도 뜻한다.

"프랑스에서 벌어지는 인종 차별 문제에 저항하는 움직임이 일어나고 있습니다. 그래서 우리는 인종 문제를 언급하지 않으려 갖은 애를 씁니다. (중략) 사람들은 스스로 예의 있으며, 심지어 자기가 전혀 인종 차별을 하지 않는다고 생각하기도 합니다. 그렇지만 아직도 '검둥이'라는 단어가 쓰이고 있습니다. 여전히 우리 모두 인종 차별 문제에 신경 써야 하는 상황인 것이죠."

아망딘 게이는 우리가 어떻게 이름을 붙여 부르냐에 따라 인종 차별적인 의도를 드러낼 수 있다고 말합니다. 뚜렷하게 인식하지 않더라도 말이지요. '흑인'이라는 단어가 부정적으로 느껴져 그 단어를 쓰지 않았다면, 그것 또한 인종 차별적인 행동이라 할 수 있습니다. 스스로 인종 차별주의자가 아니라고 생각하는 사람들도 어느 정도는 인종 차별적인 언어를 받아들일 수도 있고요.

사람을 가리킬 때 쓰는 말들을 깊이 생각해 보면 언어가 지닌 재현을 파악할 수도 있습니다. 많은 경우 위험한 재현이지요. 차별의 의미를 품은 명칭을 다른 방식으로 부르려고 시도하는 행동은 곧 그릇된 재현을 바로잡으려 애쓰는 행동과 같습니다. 또는 적어도 이를 재생산하지 않도록 주의를 기울인다는 뜻이기도 하겠지요.

별명 붙이기

"절벽 봤어? 또 엄청 이상한 바지를 입고 왔더라."

학교에서 학생들이 지어 부르는 별명은 위협적인 경우가 많습니다. 한 사람의 신체나 심리적인 특징을 바탕으로 지은 별명은 매우 폭력적이기도 하지요.

몸무게, 외모, 젠더, 인종, 여드름, 머리카락, 옷 스타일, 말투, 사회적 계층[11] 등을 소재로 삼은 별명은 한 사람에게 큰 상처를 줄 수 있어요. 특히 학교나 학급 같은 하나의 공동체에서 다수가 한 학생에게 그런 별명을 붙인다면 피해는 더욱 심각하겠죠.

가슴 크기 때문에 '젖소'나 '절벽'이라는 별명이 붙은 여학생이 있다고 가정해 볼게요. 그 학생은 일상적으로 언어폭력을 겪고 눈에 잘 띄지 않는 괴롭힘을 당하지요. 그 학생이 겪는 일을 보며 흔히들 그냥 별명일 뿐이라거나 아무것도 아닌 일이라고 생각하곤 합니다. 그러나 부정적인 별명이 붙은 사람은 자존감에 치명적인 영향을 받을 수 있어요. 부정적인 별명 때문에 소외되지 않았던 사람이 소외되고, 이미 소외됐던 사람이 더 심하게 소외되기도 하지요. 특히나 그 사람을 남들과 다르게 취급하는 별명일 경우에 더욱 그렇습니다. 그리고 이런 일들은 우리 주변에서 굉장히 자주 일어납니다.

'존멋'이나 '월클'처럼 상대를 추켜세우는 말이 별명이 되기도 해요. 이처럼 긍정적이건 부정적이건, 별명은 집단에 대한 소속감에 바탕을 둡니다. 다른 이들은 가까이 할 수 없는 규칙과도 얽혀 있지요. 이와

---

11   작가 주: 서로 비슷한 생활 조건, 수입 수준, 사회적 행동 양식을 공유하는 사람들로 이루어진 집단을 가리킨다.

같이 '그들'과 '우리'를 가르는 행위를 가리켜 '결탁한다'고도 합니다. 결탁해서 별명을 붙여 누군가를 집단에 넣을 수 있지요. 집단에 속하지 않은 사람에게 별명을 붙여 집단에서 떨어뜨리기도 하고요.

학교라는 기관에서는 별명이 공동체를 만드는 데 도움이 되기도 합니다. 별명을 통해 같은 집단에 속한 구성원들이 서로를 알아볼 수도 있습니다. 상황을 주도하며 잘 섞여 든 사람과 상황에 휘둘려 집단에서 제외된 사람을 알아볼 수도 있고요.

별명 말고도 '소피아'를 '소소'라 부르는 등 이름을 줄여서 말하기도 하며, 별명을 스스로 짓는 경우도 있습니다.

가명은 특히 더 흥미롭습니다. 자신을 어떤 식으로 사람들에게 드러낼지를 마음대로 정할 수 있으니까요.

앞서 이야기했듯, 이름을 부른다는 것은 틀 안에 집어넣는 일이기도 합니다. 태어나면서 받은 이름이 나 자신의 의견과 같지 않을 수 있어요. 그 이름은 부모님이나 국가에서 정해 준 것이니까요. 그러니 가명을 쓰면서 진짜 자기 자신이 되었다고 느끼는 사람도 있지요. 되어야 한다고 강요당한 존재가 아니고요. 예를 들면, 제가 가르친 학생들 가운데 본명보다 '뤼시앙'이라는 이름을 더 좋아한 친구가 있었습니다. 그래서 다른 사람들도 그 학생을 뤼시앙이라 불렀고, 본인도 스스로를 뤼시앙이라고 여겼죠. 이처럼 여러분이 어떤 이름으로 불리느냐에 따라, 세상 속에서 자신의 역할이나 의미를 다르게 찾을 수도 있답니다.

 자기 자신 또는 다른 사람들의 별명을 부르는 일은, 사회적 공간에서 각자가 차지하는 자리를 다시 정하는 일이기도 합니다.

'그'나 '그녀'라는 말에
숨은 의미

'그'나 '그녀'라는 단어에는 어떤 뜻이 숨어 있을까요? 친구에게 '잘생겼다'거나 '예쁘다'고 말하는 건 어떤 의미일까요?

프랑스어로 다른 사람을 가리킬 때는 어쩔 수 없이 둘 중 하나의 단어를 골라야 합니다. '그'나 '그녀' 가운데 하나를 말이지요. 유치원에서부터 그렇게 배우거든요. 프랑스어 문법에는 남성형과 여성형이 있고, 실생활에서도 남자와 여자에 대해서만 이야기합니다. 그러나 현실은 좀 더 복잡하지요.

이 모든 상황을 이해하려면 잘 구분해야 하는 것들이 있어요. 바로 성별과 젠더 그리고 문법적 성입니다.

먼저 '성별'에 관해 살펴보겠습니다. 관습적으로 사람의 성별은 두 가지로 분류된다고 생각하곤 했어요. 남성과 여성으로 말이죠. 그래서 성별은 대체로 생식기[12]와 연관된 표현으로 쓰입니다.

그렇지만 실제로 성별은 우리가 어떤 사람을 남자로, 또 어떤 사람을 여자로 구별하는 모든 요소를 아우르는 개념입니다. 가슴이나 털, 호르몬, 염색체와 같은 요소들 말이지요. 다른 사회와 마찬가지로 프랑스 또한 사람을 남자와 여자라는 두 집단으로 나누는 데 너무 익숙합니다. 그래서 이러한 구별이 큰 문제를 만든다는 사실을 미처 깨닫지 못하지요.

---

12   작가 주: 정소, 난소, 질, 자궁, 음경 등 생식에 관여하는 기관을 말한다.

'인터섹스(Intersex)', 즉 '중성'으로 구별되는 사람들이 있어요. 이들은 남성과 여성의 특징을 함께 지닙니다. 만약 남성과 여성으로만 사람을 구별하려 한다면, 중성인 사람들은 사회에서 배제되면서 차별이 일어납니다.

> 2009년, 800미터 여자 경기 세계 챔피언이자 올림픽 챔피언인 육상 선수 캐스터 세메냐(Caster Semenya)는 잠정적으로 대회 참여를 금지 당했습니다. 여성이지만 남성과 여성의 신체적인 특징을 동시에 갖고 있고, 테스토스테론 수치가 너무 높다는 이유였습니다. 테스토스테론은 고환과 난소에서 만들어 내는 호르몬이지만, 고환에서 훨씬 많은 양을 만들어 내기 때문에 대표적인 남성 호르몬으로 여겨집니다.
>
> 프랑스에서는 세계 육상 연맹의 권고에 따라, 건강상 이유가 있지 않는 한, 중성인 선수가 여자 경기에 참여하려면 성전환 수술과 강도 높은 호르몬 치료를 받도록 하고 있습니다. 그러니까 원하는 운동 경기에 참가하려는 중성인 사람들은 몸을 바꾸라고 강요받는 것이지요.

이제 '젠더'에 관해 살펴보겠습니다. 젠더라는 개념을 통해 우리는 사회가 남자와 여자라는 두 체계를 만들어 냈으며, 이 체계는 결코 평등하지 않다는 것을 알고 생각할 수 있어요. 젠더적인 특징은 고정 관념[13]에 바탕을 둔 사회적 역할과 연관이 있습니다. 행동이나 태도, 직업 등에서 말이죠. 예를 들자면 여자아이들은 다른 사람을 더 잘 돌보고, 남자아이들은 특히 과학에 재능이 있다거나, 여자아이들은 방향 감각이 없고, 남자아이들은 여러 가지 일을 동시에 할 수 없다는 식으로 고정 관념을 갖곤 합니다.

---

13 작가 주: 어떤 유형이나 집단의 사람들에 대한 지나치게 일반화된 생각들을 말한다. 이는 무척이나 위험하며, 인종주의적이거나 성차별적, 호모포비아적인 혐오를 부추길 수 있다. 미처 의식하지 못한 채 고정 관념을 갖게 되더라도 해로운 영향을 끼치기는 마찬가지다.

분류를 하면 위계가 생겨납니다. 프랑스 사회에서는 남자가 우선순위이고 그다음이 여자인 경우가 많은데, 이를 가부장적이라고도 표현하지요. '가부장'이란 가족에 대해 절대적 권력을 지닌 존재를 뜻하며, 가부장제 사회는 곧 남성이 지배하는 사회를 말합니다.

젠더가 우리에게 생각보다 큰 영향을 끼친다는 점을 기억해야 합니다. 젠더적 불평등은 현실에서 엄연히 존재하며, 아래 두 가지를 곰곰이 생각해 봐야 한다는 것도 말이지요.

• 젠더 역할은 선천적으로 부여받는 것이 아니지만, 타고난 것처럼 여기는 경우가 많습니다.

• '여성적' 성별의 특징을 지녔다고 해서 반드시 여성과 연관된 젠더 역할을 받아들여야 하는 것은 아닙니다.

성별을 구분하지 않는 언어

독일어에는 여성, 남성, 중성이라는 세 가지 성이 있습니다. 슬로베니아어에는 네 가지 성이 존재하고요. 수단어에는 훨씬 더 많은 분류가 있답니다. 하지만 전 세계의 언어 대부분에는 문법적 성이 아예 존재하지 않습니다.

성별을 나누지 않으려는
이유는 뭘까?

모든 사람이 성별을 나누려 하지는 않습니다. 어떤 사람들은 '그'라는 말도, '그녀'라는 말도 듣고 싶어 하지 않아요. 두 단어를 번갈아 써주기를 바라기도 하고요. 또 어떤 사람들은 '그'라고 불려 왔지만 '그녀'라고 불러 달라며 요청할 수도 있지요. 그 반대일 수도 있고요. 이런 행동들은 우리가 그동안 학교에서 배운 지식과는 꽤 거리가 있습니다. 그러다 보니 그런 행동들이 잘못됐다거나 이해할 수 없다며 거부하는 사람들도 있지요.

'남성'이라 여겨지는 성적 특징을 다 지니고 태어난 사람이더라도 스스로를 여자라고 생각할 수 있습니다. 그 반대도 마찬가지고요. 트랜스젠더[14]는 타고난 성별이 아니라 젠더에 알맞은 대명사를 써서 자신을 불러 달라고 요청하기도 해요. 이런 결정을 존중하지 않는다면 폭력이 될 수 있고, 결국은 이들의 젠더 정체성을 부정하는 일이 됩니다. 사실 스스로를 '그녀'라고 불러 달라는 사람에게 '그'라고 부르는 행동을 합리화할 수 있는 근거가 없기도 하지요.

트랜스젠더들은 국가가 자신들을 대하는 방식을 바꾸는 데 크나큰 어려움을 겪고 있어요. 그러니까 공식 문서와 신분증에 나와 있는 성별을 바꾸는 일 말이지요. 프랑스에서는 2016년부터 성별을 바꿀 수 있

---

14 작가 주: 자신의 젠더와 어울리지 않는 성별을 지니고 태어난 사람들을 말한다. 여성적 특징을 지니고 태어났어도 스스로를 남자라 여길 수 있으며, 남성적 특징을 지니고 태어났어도 스스로를 여자라 여길 수 있다. 어떤 트랜스젠더들은 호르몬 치료를 받거나 수술을 통해 자신의 성별과 젠더를 일치시키기도 한다.

다고는 했지만, 명확한 법률이 정해지지는 않아서 실제로 바꾸기는 어렵습니다. 한국 또한 명확한 법률이 없지만, 2006년 대법원의 결정으로 트랜스젠더의 성별 변경이 허용되었습니다. 그리고 판사의 판단에 따라 법적으로 성별 정정을 허가하고 있습니다.

'그'인지 '그녀'인지를 정하는 문제는 이름을 지을 때도 나타납니다. 생물학적 여성으로 태어난 '마르크'라는 아이가 있다고 가정해 볼까요? 마르크가 태어났을 때 '마리'라는 이름이 붙었다고 한들, 그것이 '마리'라는 이름을 계속 쓸 이유가 되지는 않습니다. 중요한 것은 마르크 본인의 생각이니까요. 다른 사람이 마르크의 정체성을 정할 수는 없지요.

어떤 사람들은 프랑스어의 문법적 성을 그대로 쓰기를 거부합니다. '그'도 '그녀'도 아닌 다른 길을 추구하는 거죠. 또 어떤 이들은 때로는

'그'라는 성별을, 다른 때는 '그녀'라는 성별을 골라서 씁니다. 바로 이 점에서 말의 문제는 정체성 문제와 확실히 연결됩니다. 남자나 여자 혹은 둘 중 어느 것으로 정체성을 정하지 않더라도, 우리는 얼마든지 존재할 수 있습니다.[15]

태어날 때 부여받은 젠더는 대개 고정적으로 쓰입니다. 젠더를 바꿀 수 있다거나 젠더가 아예 존재하지 않는다고 상상하기란 매우 어렵지요. 나아가서는 불가능하다고 느껴질 수도 있고요. 그러나 이런 거부감 뒤에는 사회의 젠더 규범에 의문을 던지는 것 자체에 대한 무지나 두려움이 숨어 있는 경우가 많답니다.

---

15 작가 주: 퀴어 사상은 우리가 꼭 젠더에 맞출 필요가 없다는 의견을 지지한다. 퀴어 사상을 지닌 사람이나 중성인 사람들 가운데 일부는 공식 문서에서 '중성'을 인정해야 한다고 주장한다. 호주나 독일, 인도 등 몇몇 나라에서 인정하고 있지만, 프랑스에서는 아직 인정하지 않는다.

문법적 성

　프랑스어에서는 명사와 대명사를 남성이나 여성으로 나눠 문법적 성을 부여합니다. 그와 그녀, 수캐와 암캐, 남선생과 여선생뿐 아니라 식탁과 의자라는 단어에도 성이 부여되지요. 식탁(La table)은 여성형 명사이고, 의자(Le tabouret)는 남성형 명사입니다. 그런데 사람에게 이러한 규칙을 적용하면 문제가 생깁니다. 젠더와 성별을 연결 짓기 때문이지요. '그'나 '그녀'라는 단어는 이 말을 듣는 사람에게 성별과 젠더를 부여합니다. 또, 학교에서 성별과 젠더의 차이를 잘 배우지 않아 둘을 헷갈리는 경우도 많고요.

　그래서 문법적 성은 성별과 젠더에 관한 관습적 인식을 강조하는 도구가 됩니다. 수컷 아니면 암컷이거나, 남자 아니면 여자뿐이라는 식으로 말이지요. '그'와 '그녀'라는 말을 그만 써야 한다는 뜻은 아닙니다. 그렇지만 문법적 성이 지닌 한계는 반드시 인식해야 합니다. 남자와 여자 외에 다른 자리를 남겨 두지 않으니까요.

　프랑스에서는 문법적 성을 두고 오래전부터 논의가 이어져 왔습니다. 1970~80년대부터 오늘날에 이르기까지 신문과 정치 논쟁은 물론, 이제는 소셜 네트워크에서도 이와 같은 논의가 이루어지고 있어요. 명사를 여성화하는 문제가 주로 중심이 되지요. 남자 소방관은 그저 '소방관'이라고 부르는데, 여자 소방관은 어떻게 불러야 할지 고민하는 것입니다. 프랑스어로 소방관(Le pompier)은 남성형 명사이거든요.

　이러한 문제 때문에 많은 사람이 프랑스어에서 남성형과 여성형의 역할에 대해 의문을 품게 되었습니다. 처음에 명사를 여성형으로 표현했던 목적은, 여성들이 사회에서 차지하는 자리를 인정하기 위해서였

습니다. 여자 소방관이 분명히 존재하지만 그를 지칭하는 단어가 없다면 사회에서 지위를 인정하지 않는 것이거나, 그 사람이 그저 예외적이고 드문 경우로 여겨질 수 있다는 생각에서 여성형 표현이 쓰이기 시작했던 것입니다.[16]

문법적 성에 관한 문제 제기는 새롭게 등장한 것이 아닙니다. 못해도 17세기부터 이어져 왔지요.

• 프랑스 혁명 시기인 1791년, 작가이자 여성 정치인이며 혁명가인 올랭프 드구즈(Olympe de Gouges)는 '여성과 여성 시민의 권리 선언'을 발표하며, 여성의 존재를 완전히 덮어 버린 '남성과 남성 시민의 권리 선

---

16 편집자 주: 여성의 사회 진출이 보편화된 오늘날 한국에서 '여류 시인'과 같이 '여성'을 나타내는 말의 사용을 지양하는 것과 의미는 같지만, 문법적 특성으로 인해 전혀 다른 양상이 나타남을 알 수 있다.

언'에 응수했습니다.

• 1898년, 여성의 참정권을 위해 싸웠던 저널리스트 위베르틴 오클레르(Hubertine Auclert)는 신문에 이런 기사를 썼습니다. "언어를 여성화하는 일이 시급하다. 여성들이 쟁취한 권리가 여성에게 어떤 지위를 부여하는지를 표현할 말이 없기 때문이다."

프랑스에서는 1999년 마침내 '명사의 여성화 가이드'가 생겨났습니다. 프랑스어에서 문법적 성의 기능을 설명하고, 직업과 관련된 명사의 여성화 문제에 얽힌 역사적 요소들을 일깨워 주며, 여성형을 만드는 규칙을 제시하고, 그 뜻을 설명하는 것이 목적이었지요.

오늘날에도 목적은 여전히 똑같습니다.
사회에 당당히 자리 잡은 여성의 존재를
드러내려는 것이죠!

그렇지만 명사의 여성화를 통해 이러한 목적을 완전히 이루지는 못합니다.

• 몇 가지 문제는 해결되겠지만 남자와 여자 말고 다른 젠더는 없다는 식의 통념, 남성형과 여성형 외에 문법적 성은 없다는 관념을 재생산한다는 한계가 있습니다.

• 집단을 가리킬 때 남성형을 쓰는 것[17]에 대한 문제 제기는 활발히 이루어지지 않는 상황입니다. 하지만 남성형인 '내 친구들(Mes copains)'이라는 단어에 여자 친구가 포함되는지는 정확히 알 수가 없지요.

---

17   옮긴이 주: 프랑스어에서는 복수인 집단을 가리킬 때 남성형을 기본으로 사용한다. 남성만 있는 집단을 가리킬 때에도, 심지어 여성과 남성이 섞여 있는 집단을 가리킬 때에도 남성형을 사용한다. 오로지 여성으로만 이루어진 집단을 가리킬 때 여성형을 쓸 수 있다. 이와 같이 남성형이 기본 값으로 쓰인다는 것은 남성을 대표적으로 취급하는 성차별적 인식을 보여 준다고 할 수 있다.

특히 두 번째로 다룬 한계 뒤에 숨은 것은 바로 프랑스 학교에서 가르치는 '규칙'입니다. "명사가 복수일 때는 남성형 안에 여성형이 포함된다."라는 규칙이죠. 이 규칙은 문법의 범위를 넘어 대표성을 침해한다는 점에서 문제가 큽니다. 또한 문법과 세상이 맺는 관계가 명확하게 드러나기도 해요. '명사가 복수일 때는 남성형 안에 여성형이 포함된다'는 말을 내내 듣다 보면, 남자아이와 여자아이 사이에 위계가 있다는 생각이 굳을 위험이 있죠.

이 규칙을 비판할 때면 이런 말이 자주 등장합니다. "그건 그냥 문법일 뿐이에요. 성차별이랑은 상관없다고요." 하지만 기껏해야 17세기 초부터 주로 남자들 사이에서 받아들여진 규칙일 뿐이죠. 다르게 말하고 쓰는 방법들도 늘 있어 왔고요.

프랑스의 문법학자인 보줄라(Vaugelas)는 17세기에 "남성형이 여성형을 포함한다."라는 규칙을 창시했습니다. 한 세기가 흐르고, 그 규칙을 합리화하던 근거는 남자와 여자 사이에 위계질서가 있다는 사고방식과 연결됩니다. 프랑스의 언어학자인 니콜라 보제(Nicolas Beauzée)는 1767년에 이렇게 썼지요. "남성이 여성보다 우월하기 때문에, 문법 속 남성형은 여성형보다 더 고귀한 취급을 받는다." 프랑스에서 배우는 문법은 사실 세상에 스민 성차별적 관념에서 생겨났던 것입니다.

성차별적인 규칙을 바꾸는 방법에는 여러 가지가 있습니다. 명사를 여성화하거나, 남성형이든 여성형이든 상관없이 가까이 있는 명사에 형용사를 붙이는 규칙도 중요한 사례이지요. 이 두 가지 실천법은 '포괄적 글쓰기'의 일부입니다. 명칭에서 드러나듯 모두를 포함하기 위해 만든 방법이에요. '여·남 학생들'처럼 가운뎃점을 찍는 방법도 꼽을 수 있는데요, 이 방법은 여러 문제를 해결해 준답니다.

• 글을 쓸 때 '남학생과 여학생', '여자들과 남자들', '그녀들과 그들',

여·남 변호사

이런 식으로 단어를 되풀이하듯 쓰지 않아도 돼요.

• "나는 여·남 변호사입니다."라고 쓰는 사람은 자신의 젠더를 구분하지 않아도 되겠지요. 그러니 단순히 여성화해서 표현할 때 생기는 결함을 보완할 수 있습니다.

언어를 더욱 공평하게 만들기 위한 다른 실천법도 있지만, 프랑스에서는 가운데에 점을 넣는 방법과 단어를 여성화하는 방법을 가장 많이 씁니다.

물론, 문법적 성에 관한 규칙을 바꿔 모든 폭력과 불합리함을 없애는 기적 같은 일은 일어나지 않을 것입니다. 그렇지만 시도해 볼 만한 일이에요. 적어도 언어가 더는 차별의 수단이 되지 않아야 하니까요.

명사의 여성화와 포괄적 글쓰기에 대한 반응

직업을 가리키는 명사를 여성화하는 방법과 포괄적 글쓰기는 아주 거친 반응을 불러왔습니다. 1984년에 아카데미 프랑세즈 회원인 조르

주 뒤메질(Georges Dumézil)은 "절대로 없어져서는 안 되는 여성형 명사가 있다. 바로 '머저리(conne)'라는 기특한 명사다."라고 했지요. 같은 해에 프랑스의 철학자 장 기통(Jean Guitton)은 "여성은 지워지고 사라질 때 남자에게 가장 큰 힘을 발휘한다는 것을 누구나 알고 있다."라고 얘기하며, 같은 이유로 언어에서도 여성형이 사라져야 한다고 말했습니다. 2017년, 아카데미 프랑세즈는 공식 성명을 통해 포괄적 글쓰기가 프랑스어에 '치명적인 위협'이 된다고 밝혔습니다. 벨기에 기자인 브누아 마티외(Benoît Mathieu)가 그중에서도 가장 흔한 반응을 보여 주었어요. 2017년 신문에 "포괄적 글쓰기는 보기 흉하다."라는 글을 썼답니다.

욕은 어떤 방식으로 영향을 줄까?

"야, 이 더러운 놈아! 꺼져!"

이제 잘 알고 있겠죠? 다른 사람에게 어떤 이름을 붙이면, 그 사람을 틀 안에 집어넣게 된다는 것을요. 그런데 욕하는 것 또한 이름을 붙이는 방법이자 구별 짓는 행동입니다.

욕은 무척이나 폭력적입니다. 부정적인 별명을 부르는 것보다 훨씬 심하게 말이에요. 그 이유는 누군가를 욕할 때 보통 그 사람이 그 자리에 있기 때문이에요. 다른 사람들이 함께 있는 곳에서 욕을 하면 폭력성은 훨씬 더 강해집니다. 어떤 사람을 '더러운 놈'이라고 부르는 건 공격적인 일이며, 여러 사람 앞에서 그렇게 부른다면 그 사람의 체면을 심하게 깎아내리는 행동이지요.

친구

더러운 놈

욕을 들은 사람은 바로 그 욕 때문에 새로운 틀에 들어갑니다. 누군가가 나를 욕한다면, 그 사람이 학생이나 청소년, 선생님, 버스 운전사처럼 보통 때 들어가 있는 틀에서 나를 꺼내 다른 틀에 집어넣는 것과 같습니다. 예를 들자면 '더러운 놈'이라는 틀에요. 내가 어떤 사람이며 현실은 어떤지와 상관없이, 나는 오로지 나를 욕하는 사람의 판단에 따라 새로운 틀로 분류됩니다.

욕을 한다는 건 분류하는 행동입니다.
한데 이 분류는 개인이나 한 무리 사람들의
믿음과 기질, 재현에 바탕을 둡니다.

욕하는 사람은 그 자신은 물론 자신의 세계관도 드러냅니다. 예를 들어 내가 어떤 사람을 '더러운 놈'이라고 분류한 이유가 무엇인지를 살펴보면, 내가 어떤 사람인지가 드러나지요.

누군가 어느 정치인을 '더러운 놈'이라 부른다면, 정치적 성향이 어느 정도 나타납니다. 정치인의 어떤 행동 때문에 욕했는지를 알면, 어떤 가치를 중요하게 생각하는지 알 수 있겠죠.

욕은 그 욕을 듣는 사람과 마찬가지로
그 욕을 하는 사람에 대해서도 알려 줍니다.

여러분이 누군가를 욕할 때도 똑같습니다. 여러분은 어떤 이유로 그 사람을 다른 틀에 넣어야겠다고 생각했나요? 어떤 행동 때문에 그런 마음이 들었나요? 질투가 났나요? 마음에 상처를 받았나요? 아니면 위협을 느꼈나요? 여러분이 거부당했다거나 열등하다는 느낌을 받지는 않았나요?

욕과 차별

　욕은 여러분이 욕하는 사람과 여러분 자신의 관계가 어떤지를 보여 주기도 합니다. 그리고 생각보다 훨씬 더 많은 역할을 하기도 하죠. 욕 할 때 어떤 말을 고르는지 살펴보면, 여러분이 무엇을 낮게 평가하는지 알 수 있거든요. 만약 '더러운 똥 덩어리'라는 말을 욕으로 쓴다면, 그 사람은 '똥'의 가치를 낮게 평가하고 있겠죠. 그런데 '똥'이라는 단어를

꺼져, 이 더러운 사과 같은 자식아!

고르는 것은 큰 문제가 되지 않습니다. 똥을 욕으로 쓴다고 해서 똥이 상처를 받지는 않으니까요. 하지만 사람과 관련된 말을 욕으로 쓸 때는 문제가 몹시 복잡해집니다.

사회적 역할을 욕으로 삼는 경우가 있습니다. 직업이나 지위명에 벌레를 뜻하는 '충(蟲)'을 붙여 조롱하듯 부르는 것처럼 말이에요. 여성이 주로 종사하는 특정한 직업군에 대해 사생활이 문란하다거나, 수준이 낮다며 근거 없는 비하를 하기도 합니다. 이러한 욕은 문제가 많습니다. 여러분이 특정한 직업을 비하하고 욕한다면, 그 직업의 가치가 낮다는 생각을 바탕에 깔고 있는 셈이니까요. 그러한 말을 욕으로 쓴다면 욕을 듣는 사람은 물론, 그 직업에 종사하는 사람들에게까지도 폭력을 휘두르는 것과 같지요.

이는 우리와 함께 살아가는 사람들에 대한 존중과 배려가 부족한 태도이기에 결코 정당화될 수 없습니다. 초등학생을 가리키는 '잼민이', '중2병'처럼 특정한 나이대를 조롱하는 경우와 마찬가지로요.

특히 여성의 직업을 비하하는 욕은 섹슈얼리티를 검열하는 데 쓰이는 경우가 많습니다. 그래서 여성이 죄책감에 시달리거나, 자기 몸을 엄격하게 다루거나, 불안에 움츠리는 등 부정적이고 성차별적인 재현을 더욱 강화시키지요. 그렇지만 꼭 기억하세요. 여성은 행동과 움직임, 태도를 온전히 자유롭게 택할 수 있다는 점을요.

사회적 정체성을 구실로 욕을 하기도 합니다. 성별, 젠더, 인종, 성적 지향을 가지고 말이에요. '걸레, 호모 자식, 더러운 레즈비언, 똥남아, 검둥이' 같은 욕이 여기에 해당됩니다. 이 욕들이 특히나 폭력적인 까닭은 법에 따라 처벌될 수도 있는 공격적인 행동이기 때문이에요. 인종 차별적, 성차별적, 호모포비아적인 욕을 쓰면 '모욕죄'가 되는데요, 사적인 자리든 공적인 자리든 상관없이 처벌받을 수 있습니다.

여성을 '걸레'라 부르는 행동은 명백한 성차별입니다.
동성애자를 '호모 자식'이나 '더러운 레즈비언'이라
부르는 행동은 명백한 호모포비아입니다.
이주 노동자를 조롱하는 투로 '똥남아'라
부르는 행동은 명백한 인종 차별입니다.

직업명을 욕으로 쓰는 행위는 노동자를 모욕하는 것과 같습니다. 마찬가지로 '호모 자식'이라는 말을 욕으로 쓰는 건 동성애자를 모욕하는 것과 같습니다. 동성애를 거부하거나 무시한다는 뜻이니까요. 따라서 호모포비아적인 표현이라 할 수 있습니다. 동성애자가 아닌 사람에게 그 욕을 하더라도 말이죠.

법에는 뭐라고 쓰여 있을까?

누군가에게 상처를 주거나 명예를 훼손하려는 목적으로 어떤 말을 하는 것을 법적으로는 모욕이라 규정합니다. 그 사람이 지닌 성별, 젠더, 민족적 혹은 종교적 외양, 피부색, 성적 지향, 장애를 이유로 누군가에게 경멸하는 의사를 표시하는 모욕죄는 법에 따라 처벌받습니다. 프랑스에서는 공개적으로 모욕을 하면 징역 1년과 벌금 45,000유로를 선고받을 수 있으며, 공개적이지 않은 방식으로 모욕을 하면 1,500유로의 벌금형을 받을 수 있습니다. 한국에서는 모욕죄가 성립하면 1년 이하의 징역이나 금고 또는 200만 원 이하의 벌금에 처합니다.

여러분이 욕으로 쓰는 말은 사회 속 여러 집단의 재현에 영향을 끼칩니다. 욕하지 않는 게 가장 좋겠지만, 욕할 때 쓰는 말을 바꾸는 것만으로도 강력한 행동이 될 수 있어요. 하다못해 '똥자루'라고 욕하는 편이 낫지요. 단어를 바꾸면 어떤 이들이 다른 이들보다 열등하다는 생각을 벗어던지는 데 도움이 됩니다.

욕을 다시 찾아오기

2011년, 토론토의 어느 경찰관이 공개 발언을 했습니다. 여자들이 옷을 "잡년처럼" 입지 않는다면 성폭력이나 성추행당할 위험이 줄어들 거라고 말이죠.

그러자 '잡년 행진(Slut Walk)'이 캐나다와 프랑스를 비롯한 전 세계에서 이어졌습니다. 사실 이 행진은 이미 진행되고 있었고, 특히 미국에서 활발했어요. 그러다 캐나다 경찰관의 말이 다시금 이 운동에 불씨를 지핀 것이죠. 행진이 전하는 메시지는 다음과 같습니다.

"내 옷차림과 태도, 말투, 행동은 오로지 내 마음대로 할 수 있는 나의 것이다. 남들이 마음대로 다룰 수 있는 대상이 아니다."

영어에서 'Nigger'라는 단어는 흑인을 향한 폭력적이고 인종 차별적인 욕입니다. 이 욕은 미국에서 역사가 긴 인종 차별 관습과 얽혀 있습니다. 노예 제도와 인종 분리 정책, 범죄화[18], 일터에서의 차별을 모두 포함한 관습이죠. 그런데 흑인들이 직접 이 표현을 쓰면 긍정적인 뜻을 되찾는 경우가 많습니다. 특히 'Nigga'라는 형태로 쓸 때면 더욱 그렇고요.

이렇게 욕을 되찾아옴으로써 이 욕을 쓰는 사람들에게 다음과 같은 효과를 가져다줍니다.

• 그러한 말로 폭력을 휘두르는 인종 차별적인 사람들과 구별됩니다.

---

18 작가 주: 특정한 집단에 속하는 사람들을 무조건 범죄자로 취급한다는 뜻이다. 그 집단의 사람은 설령 아무 짓을 안 했다 할지라도 잠재적 범죄자로 의심받는다. 만약 그 사람이 실제로 범죄를 저질렀을 경우에는, 다른 집단 사람보다 훨씬 더 크게 처벌받을 위험이 있다.

• 자신이 집단에 속해 있다는 사실을 깨달을 수 있습니다. 'Nigger'를 되찾아 온 일을 예로 들면, 흑인을 향한 인종 차별을 겪는 사람들이 같은 집단으로 모입니다.

아이키도(Aikido) 효과

언어 과학을 연구하는 도미니크 라고제트(Dominigue Lagorgette)는 2012년에 발표한 논문에서, 욕을 듣는 이들이 그 욕을 되찾아오는 행동을 '아이키도 효과'라고 명명했습니다. 아이키도라는 일본 무술에서는 상대가 공격하는 힘으로 상대를 넘어뜨리는 기술을 쓰지요.

이와 마찬가지로 자신을 향하는 욕을 완전히 자기 것으로 삼으면, 그 욕은 힘과 의미를 잃게 됩니다. 그리고 그 욕을 썼던 사람들을 웃음거리로 만들 수 있습니다.

욕을 되찾아오는 행동은 단순히 경멸적인 말을 자기 것으로 삼아 뜻을 뒤집는 방법인 것만은 아닙니다. 억압하는 자에 맞서 단결하면서 유대를 맺고 공동체를 만드는 행동이기도 하죠.

'잡년'이라는 욕을 들은 수많은 여성이 도리어 그 욕을 슬로건으로 내세우면서 단결하며 행진했듯이 말입니다.

남자답게 말하기

"그녀는 남자답게 살아가지, 남자답게 말하고,
자기가 남자라 생각하지, 남자처럼 존중받고 싶으니까."

프랑스의 여성 래퍼 라디아(Ladea)의 노래 〈남자답게〉의 후렴구는 오늘날 현실을 또렷하게 보여 줍니다. 존중받고 싶은 여성들은 전통적으로 남성적이라 여겨졌던 도구들을 써야 하죠. 독립성과 자신감, 특정한 말하기 방식을 익히는 것처럼요.

'남자답게'라는 말은 언뜻 보면 가치를 높이는 표현처럼 보일 수 있지만, 한편으로는 우리 사회에서 남성들이 누리는 특권을 아주 잘 보여 주기도 합니다. 또한 부정적인 뜻으로도 쓸 수 있는 표현인데요, 여성들은 정해진 자리에서 벗어나지 말아야 한다고 되새겨 주는 것이죠. '남자답게 말하는' 여자아이나 여성을 안 좋게 보는 사람들이 많으니까요.

이런 현상은 남자아이와 여자아이가 바탕부터 다르다는 생각 때문에 일어납니다. 비단 생물학적으로만 다른 것이 아니라 행동도, 말하는 방식도 다르다는 생각이죠. 아이들은 태어났을 때부터 성별에 따라 무척 다른 교육을 받습니다. 남자아이들이 하는 말은 더 정당성이 높으며 덜 가볍고, 여자아이들의 말보다 더 중요하다고 여겨지곤 합니다. 예를 들어 남자아이에게는 "이야기한다."라는 표현을 쓰는 반면, 여자아이에게는 "수다를 떤다."라고 표현하는 식으로요.

청소년기에 이르면 자신의 말이 잘 들리게끔 일부러 더 '남자답게' 말하기도 합니다. 특히나 길거리처럼 공개적인 공간에서 "못생겼다."라거나 "촌스러워." 같은 말을 내뱉는 식으로요. 언뜻 미적인 판단을 내린다고 볼 수도 있는 이런 표현의 이면에는, 사회가 여성에게 진정으로 무엇을 기대하는지를 보여 주는 차별적인 체계가 단단히 자리 잡고 있습니다. 여성들은 예의 바르고 얌전하며 의견을 드러내지 않아야 이상적이라는 기대 말입니다.

이런 점에 주의를 기울이면, 여자아이와 여성들이 말하는 방식을 재단하는 사고방식을 온갖 곳에서 찾을 수 있습니다. 학교, 길거리, 직장, 가정, 심지어는 정치 토론의 장에서도 말이죠. 여성이 목소리를 높이면 자제하는 법을 모른다며 비난이 쏟아지지만, 대통령 선거에 나온 남자 후보가 목청껏 연설하면 열정적이라고 얘기하는 식으로요.

사회가 강요하는 자리에서 벗어나려고 할 때마다, 여성들은 끊임없이 같은 자리로 붙들려 옵니다. '남자처럼 말하려고 든다면, 네가 여자라는 사실을 다시 일깨워 주겠다'는 것처럼요.

이런 현상과 이 때문에 생기는 차별을 인지하는 것만으로도 이미 차별적인 체계와 맞서 싸우는 셈입니다.

여자아이에게 "너는 꼭 남자아이처럼 말하는구나."라고 건네는 말은 여성의 지위를 낮춰 보는 표현입니다. 또한 여성은 절대 남성과 동등하게 평가받지 못한다고 지적하는 행동이기도 하지요. 이 사실을 이해하는 것이 바로 차별을 넘어서는 첫걸음일 것입니다.

누구에게 어떻게 말할까?

"너, 엄마한테 어떻게 그렇게 말하니?"

수업 중이나 집에서, 친구들과 함께할 때나 가게에 갔을 때 등등, 다양한 상황에서 우리는 모든 사람에게 똑같은 방식으로 말하지는 않습니다.

상황에 따라 말하는 방식을 조절하는 것을 '화자에 따른 변이'라고 합니다. 말투를 바꾼다는 얘기죠. 말투는 크게 격식을 차린 말투, 격식을 차리지 않은 말투, 표준적인 말투로 나눌 수 있어요.

• 발표, 구술시험, 대회가 열리는 등 학구적인 상황에서는 더욱 격식을 차린 말투를 기대하곤 합니다. 동사 알맞게 쓰기, 과거 시제 일관성 있게 쓰기, 특정한 어휘 사용과 같은 방식 말이지요.

• 학구적인 상황에서 격식을 차리지 않는 말투를 쓰면 불이익을 받을 수도 있습니다. 너무 허물없는 표현을 쓴다거나, 생각을 명료하게 표현하지 않는 말투 말이지요. 그러나 이런 말투를 친구들 사이나 비격식적 상황에서 쓰면 별다른 제재를 받지 않죠.

• 너무 친근하지도, 그렇다고 너무 예의를 차리지도 않는 표준적인 말투는 기본으로 여겨집니다. 모르는 사람과 이야기를 나누거나 여러분과 다른 집단에 있는 사람에게도 자주 쓰지요.

중요한 것은, 이러한 말투를 구사할 때에도 불평등이 생긴다는 점입니다. 모든 사람이 모든 수준의 말을 똑같이 익히지는 않으니까요. 그러니 서로 다른 말투를 어떤 상황에서 어떻게 써야 하는지를 아는 이들은 특권을 누린다고 볼 수 있어요.

취업을 위한 면접 자리나 지위가 다른 사람과 대화하는 등 특정한 상황에 놓였다고 상상해 봅시다. 지나치게 허물없다거나 과도하게 격식을 차리는 말투로 이야기한다면, 분명 부정적인 효과를 낳을 것입니다.

그러니 각 상황에 맞춰 표현하는 방법을 정확히 아는 사람은 남들보다 우위에 있겠지요. 이로써 또 다른 특권을 거머쥐는 경우도 많습니다. 교육이나 문화, 경제적 수단을 가까이 할 수 있으니 사회적 특권을 지닌 환경에 쉽게 들어서는 것이죠.

'부적절하게 말한다'면서 누군가를 질책하는 행동은
그 사람이 사회적으로 지배 집단에 속하지 않았다는 점,
언어적 규범을 제대로 익히지 못했다는 사실을 지적하는 행동입니다.
이는 곧 그 사람이 열등하다고 강조하는 것과 같습니다.

10대가 공격적으로 말한다고요?

"왜 그렇게 나쁜 말을 쓰니?"

부모님이나 어른들이 말투나 사용하는 단어를 두고 아이들을 꾸짖는 말을 들어 봤을 거예요. 교실에서 학생이 선생님에게 '나쁜 말', 특히나 비속어를 쓰면 무례하다고 혼이 나기도 하죠.

이렇게 혼나는 이유는, 말과 그 말을 사용한 맥락 사이에 차이가 있기 때문이에요. 그런 말들은 공격적이고 심지어 폭력적이라는 인상을 주곤 합니다.

하지만 권위 있는 사람들이 별다른 근거 없이 언어폭력이라 여기는 행동들을 살펴보면, 말 그대로 언어폭력만을 가리키지는 않습니다. 무례함 자체가 바로 권위에 대한 도전이니까요.

청소년들은 어른들에게 저항하면서 무리를 만들기도 합니다. 아이들은 어른들과 옷 스타일, 유행, 드라마나 음악처럼 주로 즐기는 문화 콘텐츠뿐 아니라 사용하는 언어도 다르지요. 그렇게 어른들과 구별 지으며 자기들만의 공동체를 이룹니다. 구성원끼리 서로를 알아볼 수 있는 공동체를 말이에요.

억압하는 사람들에게 들었던 욕설을 자신들의 것으로 찾아왔던 사람들과 마찬가지로, 청소년들은 어른들이 금지한 말을 씁니다. 공격적이라고 평가받는 청소년들 사이의 말은 실제로 폭력적이기도 해요. 하지만 그렇지 않은데도, 부모님이나 선생님처럼 권위 있는 어른들이 폭력적이라고 보는 경우도 많습니다.

어떤 이들은 청소년들이 자제하는 법을 모른다고 비난하며 '공격적'이라고 얘기합니다. 그런데 이 공격성은 청소년들의 사회적 정체성을 이룹니다. 어른들과 차이를 명확히 드러낼수록 집단은 더 단단하게 뭉치니까요.

이런 특징 때문에, 공격적인 행동을 하지 않는 청소년들이 집단에서 배제되는 기분을 느끼기도 합니다. 기분에서 그치지 않고 실제로 배제되는 경우도 많고요.

말하는 방식이나 어휘 선택처럼 특정한 언어적 습관을 통해
누군가는 진정으로 집단의 일원이 되었다고 느끼며,
누군가는 집단에 속하지 못하고 겉돈다 느끼기도 합니다.
이러한 언어적인 관습을 활용해 집단으로 들어갈 수도 있습니다.

남을 제외하고 우리끼리 공통점을 만들어 내는 언어의 이러한 기능은 모든 사회 집단에서 찾아볼 수 있습니다. 친구들 사이, 특정한 직업군이나 사회 계층, 심지어는 나라들 사이에서도 말이죠.

언어 하나 = 나라 하나?

　2016년, 프랑스어의 복잡한 표기법을 단순화하자는 '철자법 개혁' 논쟁이 언론에서 다시 불거졌을 무렵, 마린 르펜(Marine Le Pen)[19]은 자신의 블로그에 이런 글을 적었습니다. "국가의 정체성이 수많은 공격을 받는 시대에, 고상한 프랑스 문명의 상징인 우리의 훌륭한 프랑스어처럼 핵심적인 요소들을 건드려서는 안 된다."

19　작가 주: 프랑스의 극우파 여성 정치인이며, 국회 의원이자 국민 연합당의 대표이다.

이렇듯 마린 르펜은 한 나라의 안정성과 그 나라의 '가치'라고 여겨지는 것과 공식 언어를 연관 지었습니다. 이런 관점은 '하나의 민족, 하나의 언어, 하나의 국가'를 연결하는 19세기 전통의 연장선에 있습니다. 사실 이 전통의 기원은 16세기 프랑스의 국왕 프랑수아 I세가 이끌었던 정책에서 찾아볼 수 있습니다. 정책의 목표는 언어를 통합해 국가 단결을 강화하는 것이었죠.

1539년 공식 언어로 자리 잡은 프랑스어

프랑수아 I세는 1539년에 '모국어인 프랑스어'만 법의 언어라고 한정 지었습니다. 그전까지는 법원에서 판결을 내리거나 왕이 명령을 내리는 등 행정 처리를 할 때 라틴어를 주로 썼지만, 라틴어는 프랑스의 고유 언어가 아니었습니다. 프랑수아 I세는 군주제를 최대한 안정적으로 다지려면 왕의 언어가 공식 언어가 돼야 한다고 생각했던 것입니다.

프랑스 혁명과 19세기를 거치면서 언어와 국가는 점점 더 가까워졌습니다. 1881~82년 의무 교육으로 정해진 뒤, 학교에서는 모든 학생에게 공통 언어를 가르쳤습니다. 그중 몇몇 학생은 지방 언어나 변이형만을 썼고요.

프랑스 학교에서는 민주주의적인 사고를 가르치기도 합니다. '시민을 길러 내는 것'이 학교의 중요한 목표이거든요. 그래서 프랑스어는 의사소통 수단일 뿐 아니라, '프랑스의 정체성'을 이루는 요소가 되었습니다.

마린 르펜은 이와 같은 전통을 따른 것입니다. 국가를 보호하는 데 언어가 핵심이라고 생각하는 전통 말이에요. 그런데 마린 르펜이 놓친 것이 있습니다. 바로 국가와 언어의 관계는 선택일 따름이지 결코 필

프랑스어가 라틴어를 앞질렀으니
한물간 건 뒤로하고, 새로운 시대에 적응해 보자고!

수적이라거나 자연적이지 않다는 점을요. 프랑스와 다르게 스위스는
공식 언어가 프랑스어, 이탈리아어, 독일어, 로망슈어로 총 네 가지입
니다. 공식 언어가 없거나 더 많은 나라도 있습니다. 프랑스처럼 공식
언어가 하나뿐인 나라일지라도 언어가 딱 한 가지라고 생각한다면 이
는 현실과 한참 동떨어진 생각입니다. 오늘날에도 여전히 프랑스에서
는 코르시카어, 브르타뉴어, 바스크어, 알자스어를 쓰기 때문이죠. 이
언어들은 힘이 약해지긴 했지만, 여전히 명맥을 이어 가고 있습니다.

프랑스어는 어느 때든 늘 다른 언어들을 접했습니다. 아랍어, 영어, 독일어, 이탈리아어, 스페인어, 그밖에 훨씬 더 많은 언어를 말이에요. 그러면서 프랑스어는 더욱 풍성해졌고, 아주 많은 단어를 가져오기도 했습니다.

- 프랑스어로 수련(nénufar), 살구(abricot), 암살자(assassin), 숫자(chiffre)와 같은 단어들은 아랍어에서 왔습니다.

- 프랑스어로 은행(banque)과 콧수염(moustache)은 이탈리아어에서 왔습니다.

- 프랑스어로 조랑말(poney)과 슬로건(slogan)은 영어에서 왔습니다.

그러니 언어는 다른 언어와 멀리 떨어지거나 결코 독립된 존재가 아닙니다. 또한 아래 내용을 기억할 필요가 있어요.

변화를 겪고
다른 언어를 접하는 언어야말로
살아 있는 언어입니다.

맞춤법은 살아 있다

프랑스의 철자법은 단어의 어원에 따라 표기하는 어원학적 철자법, 발음을 있는 그대로 따온 표음주의적 철자법이 섞여 있습니다. 그래서 예외가 많고 익히기도 어렵지요.

어원학적 방법을 따르다 보면 실제로 발음되지 않지만 단어에 포함되는 글자가 생기기도 합니다. '시간'이라는 뜻을 지닌 'temps'라는 단어가 좋은 예입니다. 'tempus'라는 라틴어에서 온 말이기에 'p'와 's'를 그대로 남겨 두었지만, 실제로는 묵음이거든요.

반면, 표음주의적 철자법은 실제 소리를 곧이곧대로 반영하기 때문에 위와 같은 예외가 적습니다. 그렇지만 단점도 있지요. 단어의 발음이 바뀌면 철자법도 함께 바뀌어야 실제 소리를 반영할 수 있으니까요. 이 규칙을 곧이곧대로 따르면, 같은 뜻이더라도 지역 사투리나 나이에 따라 단어의 철자가 달라져 통일성이 사라질 수도 있어요. 그래서 이런 문제점을 되도록 줄이고, 최대한 많은 사람이 철자법을 수월하게 사용할 수 있도록 프랑스에서는 여러 번에 걸쳐 철자법을 개혁했습니다.

문법이나 맞춤법은 우리가 말을 사용할 때 지켜야 하는 규칙입니다. 이런 규칙은 마치 변하지 않는 진리처럼 느껴질 수도 있어요. 그렇지만 사실은 이를 만들어 내고 다듬는 사람들과 함께 호흡하며 변화합니다. 언어와 문법은 사회의 변화에 따라 살아 움직이며 바뀌거든요. 그래서 사람들이 주로 쓰는 발음이 달라지면 이에 따라 맞춤법이 바뀌기도 합니다. 그래야 실제 언어생활을 잘 반영하는 언어가 될 수 있기 때문이죠.

시대가 흐르면서 프랑스어 철자법이 바뀌었듯, 한국어 문법도 변화해 왔습니다. 500년 전 조선 시대에 사용하던 한국어와 1800년대 후반부터 1900년대 초반 무렵 개화기에 사용하던 한국어, 또 오늘날 사용하는 한국어는 굉장히 다르지요. 말을 쓰는 사람들에 맞추어 한국어의 규칙이 달라졌기 때문입니다. 예를 들어, 오늘날 우리는 말을 끝맺을 때 "~습니다."라고 말하는 데 익숙합니다. 그렇지만 원래부터 이런 맞춤법을 사용했던 것은 아니에요. 예전에는 "~읍니다."라고 표기했다가, 1988년부터 "~습니다."로 표기법을 변경했거든요. 이렇게 바꾼 이유는 실제 사람들이 발음할 때면 "~습니다."라는 말을 더 많이 썼기 때문입니다.

이처럼 과거에 세운 규정과 실제 발음이 다른 경우가 생기기 때문에, 이런 차이를 극복하고자 전문가와 학자들이 꾸준히 연구 조사를 하고 있습니다. 그리고 그 결과, 일상생활에서 널리 쓰이는 말을 복수 표준어로 받아들이기도 합니다. '자장면'과 '짜장면' 모두가 복수 표준어로 인정된 것이 바로 이런 사례입니다. 과거에는 '자장면'만 표준어였지만, 사람들이 '짜장면'으로 흔히 발음한다는 현실을 고려해 그 역시도 표준어로 인정하게 된 것입니다.

앞으로도 언어를 사용하는 사람들의 생활상이 달라지면, 그에 맞춰 언어와 규칙도 얼마든지 달라질 수 있습니다. 달라진 세상 속에서 실제로 말을 사용하는 사람들에게 맞추어 바꿔 나갈수록, 더욱 자연스럽고 살아 숨 쉬는 말이 될 테니까요.

언어는 그 언어를 사용하는 사람들의
사고방식과 문화를 반영합니다.
그래서 사회가 바뀌면 그 변화에 발맞춰
언어의 규칙이 달라지기도 합니다.

평등한 말과 글

앞서 이야기했듯 프랑스에서는 여러 번에 걸쳐 철자법이 개혁됐습니다. 그런데 철자법 개혁을 완강하게 반대하는 사람들이 있었습니다. 과거의 언어가 오늘날 언어보다 더 순수하고, 완벽하고, 좋을 것이라는 환상을 품었던 것이죠. 철자법을 개혁하면 곧 언어의 수준이 떨어지는 '하향 평준화'가 될 거라고 생각하기도 했습니다. 사실 이런 말 뒤에는 위험한 생각이 숨어 있습니다. 언어는 모든 사람이 접할 수 없는 편이 더 좋다는 생각이죠.

세종대왕이 한글을 창제할 때도 이와 비슷한 반대에 부닥쳤습니다. 중국에서 들여온 한자를 중시하던 특권 계급의 반대였지요. 한글처럼 양반과 평민 모두가 구분 없이 쓸 수 있는 글자가 생겨나면 자신들의 지위가 위태로워질까 봐 꺼렸던 거예요. 당시 한자를 알고 사용하는 사람들은 소수의 특권층밖에 없었거든요. 한자를 모르는 평민 대다수는 글자를 읽을 수가 없었습니다. 그래서 중요한 나랏일을 알리는 글이 나붙어도 내용을 알 수가 없어 답답해하거나 때로는 피해를 보기도 했습니다.

한자는 글자로 뜻을 나타내는 표의 문자이기에, 각각의 뜻을 지닌 한자를 전부 외우고 익혀야만 의미를 전달할 수 있었습니다. 한자는 글자의 가짓수가 무척 많습니다. 사전에 실린 한자의 개수가 10만 개가 넘을 정도이지요.[20] 그래서 한자를 익히는 데 시간이 많이 들 수밖에 없었습니다. 그만큼 생계를 유지하는 데 필요한 시간은 줄어들겠지요.

---

20   옮긴이 주: 대만 교육부에서 공포하고 온라인으로 서비스하는 『이체자 사전(異體字字典)』을 기준으로 했다. (dict.variants.moe.edu.tw)

자연스럽게 한자는 시간과 돈이 넉넉한 지체 높은 양반들만이 접하고 사용할 수 있는 언어가 되었습니다.

반면, 한글은 뜻이 아닌 음을 나타내는 표음 문자입니다. 모음과 자음을 합해 스물네 가지 글자만 익혀서 조합하면 모든 소리와 단어를 표현할 수 있어요. 따라서 글자를 익힐 만한 시간과 여유가 많지 않았던 조선 시대의 평민들도 큰 어려움 없이 한글을 배우고 사용할 수 있었습니다.

또, 한글은 과학적 원리를 반영해 만들었습니다. 먼저 사람의 발음 기관 모양을 따서 만들었지요. 이를테면 혀의 모양을 따서 'ㄱ'을, 동그란 목구멍 모양을 따서 'ㅇ'를 만든 것처럼요. 또한 기본 글자를 만들고 획을 더하는 방식으로 글자를 추가했습니다. 'ㄱ'보다 발음이 거세지면 가로획을 덧붙여 'ㅋ'을 만드는 식으로요. 한글은 사람의 몸을 닮아 생김새가 단순하고 친숙하며, 글자를 조합하는 방법도 간단합니다. 덕분에 널리 퍼졌고, 오늘날까지도 활발하게 쓰이고 있습니다.

많은 사람이 평등한 언어생활을 할 수 있기를 바라며 한글을 창제한 결과, 한국은 식자율이 높은 나라가 되었습니다. '식자율'이란 전체 국민 가운데 글을 아는 사람의 비율을 가리킵니다. 또한 전 세계적으로 봤을 때 한국 사회는 문맹률이 낮은 축에 속합니다. '문맹률'이란 식자율의 반대 개념으로서, 국민 가운데 문자를 해독하지 못하는 사람의 비율입니다. 한국과 전 세계 식자율에 관한 가장 최근 통계 수치를 살펴보면 위와 같은 사실을 확인할 수 있습니다. 2008년 조사 결과 한국의 식자율은 98퍼센트입니다. 다시 말해, 한국에서는 100명 가운데 98명꼴로 말과 글을 알고 있다는 의미죠. 이 수치는 2022년 세계 평균인 86.89퍼센트보다 높은 수준입니다.[21] 식자율이 높다는 것은 곧 사회적

---

21 옮긴이 주: 세계 인구 리뷰(World Population Review) 조사 결과를 바탕으로 했다.

지위, 사는 지역, 연령, 성별, 경제적 수준, 학력 등 여러 가지 차이를 막론하고 대다수의 사회 구성원이 비교적 평등하게 언어를 알고 사용한다는 뜻입니다.

말은 서로의 의견과 감정을 전달하는 수단입니다. 그러니 말이란 사람들 사이에서 많이 쓰일 때 비로소 본래의 기능을 수행하는 것이죠. 평등한 말일수록 널리 쓰일 수 있고, 사람과 사람 사이에서 뜻을 전달하는 언어의 기능과 취지를 올바르게 살릴 수 있습니다.

 누구나 익히기 쉬운 한글은 평등한 글자를 지향하며 탄생했습니다.
말이 평등할수록, 사람들의 의사소통을 돕는
언어의 본래 기능을 살릴 수 있습니다.

사투리란 무엇일까?

여러분은 서울이 아닌 지역에서 자랐거나, 다른 지방 사람들을 만난 적이 있나요? 그렇다면 서로가 하는 말을 이해하지 못한 적이 있을 거예요. 이런 식으로 말이죠.

"이거 새로 산 옷인데 어때?"
"영 파이네."
"응? 뭐라고? 그건 도대체 어디 사투리야?"

우리나라에서도 종종 그렇지만, 프랑스에서는 사투리를 쓰는 사람에게 자주 손가락질하곤 합니다. 발음이 웃기다며 신기해하기도 하지요. 사투리를 쓰지 않는 사람들은 이런 일이 별로 불쾌하지 않거나 심지어 즐거운 경험일지도 모릅니다. 사투리를 두고 공격적이거나 불쾌한 반응이 드물게 나타난다 하더라도, 말하는 방식을 두고 위와 같이 얘기하는 태도는 바람직하지 않아요.

그렇다면 사투리란 무엇일까요? 사투리가 아닌 말은 대체 무엇일까요? 왜 우리는 특정한 방식이 사투리가 아니라고 생각하는 걸까요?

• 프랑스에서 '사투리를 안 쓰는 사람'이란 파리에서 쓰는 평균적인 프랑스어를 쓰는 사람을 말해요. 우리나라에서는 교양 있는 사람들이 두루 쓰는 현대 서울말, 즉 표준어를 쓰는 사람을 말하고요.

• 프랑스에서 '사투리를 쓰는 사람'이란 나머지 사람들 전부를 말해요. 프랑스 파리 지역의 중상류층은 '사투리를 쓰지 않고' 말합니다. 이민자들이 모여 사는 센생드니 지역에서 자란 사람은 지역 사투리를 별로 쓰지 않고요. 이처럼 말의 차이는 지리적인 이유로만 생기지는 않으

며, 사회적인 이유로 생겨나기도 합니다.

- 프랑스에서는 가장 낮은 계층 사람들이 지역 사투리를 씁니다.

- 프랑스의 가장 높은 계층은 다소 '허영심 많은' 말투를 쓰거나 콧소리를 내지요.

- 프랑스의 중상류층은 별 억양이 없습니다.

프랑스는 중상류층의 수가 가장 많다 보니, 아무래도 공적인 공간에서 이들이 눈에 띕니다. 그래서 이들이 말하는 방식이 '표준 프랑스어'를 대표한다고 평가받습니다. 다른 말투는 모두 '사투리'가 되지요.

사투리는 규범으로 정한
공통적인 말과의 관계 속에서만 존재합니다.

이런 규범은 전혀 자연스럽지 않습니다. 또한 특정한 말하기 방식이 다른 방식보다 우월하다고 할 수는 없지요. 하지만 이러한 규범은 예전에도 지금도 사회에서 인정받고 있습니다. 미디어에서는 표준어를 사용하는 것이 바람직하다고 여깁니다. 그래서 방송 매체에서는 대부분 표준어를 사용하지요.

별 대단한 일이 아니라고 할 수도 있겠지만, 사실은 그렇지 않습니다. '사투리'에 얽힌 프랑스 사회의 보편적인 문제와 연관이 있거든요. 프랑스 사람들의 머릿속에서 프랑스 남부 지역 사투리는 주로 긍정적 이미지로 그려집니다. 남부 사투리는 노래하는 것 같다든지, 햇살 같다든지, 인생의 달콤함을 품은 듯하며, 지나가던 동물도 귀를 기울일 것 같은 말투라고 표현됩니다. 그러나 이 모든 말의 이면에는 남부 사투리가 진지하지 못하다는 뜻이 숨어 있어요. 이 때문에 취업 면접을 볼 때 남부 사투리를 쓰면 차별받을 수도 있죠.

말하는 방식을 이유로 누군가를 남과 다르게 대하는 태도를 가리켜 언어 차별[22]이라고 합니다.

모든 차별과 마찬가지로, 언어 차별 또한 특정한 속성을 구실로 사람들을 어떤 범주 안에 집어넣습니다. 성차별, 인종 차별, 호모포비아, 외국인 혐오와 마찬가지로요.

프랑스에서는 지방 사투리를 쓰는 사람들이 언어 차별의 표적이 되지만, 꼭 이들에게만 차별의 화살이 향하는 것은 아닙니다.

프랑스의 언어학자인 필리프 블랑셰(Philippe Blanchet)는 『언어 차별에 맞서다』라는 책에서 아흐메드(Ahmed)라는 아이의 이야기를 들려줍니다. 아흐메드는 초등학교에서 이런 일을 겪었습니다.

선생님: 넌 이름이 뭐니?
전학생: 아흐메드예요.
선생님: 프랑스에서는 '흐(h)' 소리를 내지 않는단다. 네 이름은 아메드야. 다시 말해 보렴, 아메드.

자기 이름을 발음하는 방법을 바꾸라고 강요하는 선생님은 아흐메드에게 폭력을 저지른 셈입니다. 아이 자체와 아이의 시각, 아이가 언어와 맺는 관계, 아이 이름이 생긴 배경을 단박에 내친 것이죠. 착한 프랑스 어린이가 되려면 '아흐메드'가 아니라 '아메드'가 되어야 한다고, 학교에서는 아흐메드라는 이름을 쓰지 말아야 한다고 선생님은 은근히 얘기합니다.

만약 누군가 여러분의 이름을 제대로 발음하지 않는다면, 제대로 불러 달라고 주저하지 말고 요구하세요. 그냥 참을 일이 아니니까요.

---

22 작가 주: 영어로는 글로토포비아(glottophobia)라고 하며, 그리스어 'glsôsa(언어)'와 'phobos(공포)'에서 온 말이다.

언어 차별과 인종 차별이 합쳐진다면 어떻게 될까요? 두말할 것도 없이 심각한 결과를 낳습니다.

• 취업 면접을 볼 때 차별이 일어납니다. 프랑스에서는 사투리를 쓰는 사람은 일반적이지 않고, 능력이 뒤떨어진다고까지 여겨지기도 합니다.

• 도움을 받고자 전화로 연락을 주고받을 때 차별이 벌어지기도 합니다. 이를테면 프랑스에서는 사투리를 쓰면 은행이나 관공서에서 답을 받기 어려울 때도 있습니다.

억양 때문에 죽은 사람이 있다고요?

2018년 프랑스에서는 나오미 무센가(Naomi Musenga)라는 젊은 여성이 긴급한 상황에서 구급차를 불렀지만, 끝내 도움받지 못하고 목숨을 잃은 사건이 있었습니다. 통화 기록을 살펴본 결과, 긴급 전화를 받은 담당자가 극심한 인종 차별적인 편견으로 대처했다는 사실이 드러났지요. 나오미가 썼던 억양과 이름은 프랑스에서 백인이 쓸 만한 것들이 아니었습니다. 만약 나오미가 백인들이 주로 쓰는 억양과 이름을 사용했다면 담당자가 다르게 행동했을까요? 어떻게 됐을지 알 길은 없습니다. 그러나 고통스러워하며 도움을 요청하는 아픈 여성에게 매정한 말투로 경멸하듯 대답했던 태도는 인종 차별이 원인이라는 의혹을 불러일으키기에 충분했습니다.

언어 차별을 통해 우리는 사회 속에 존재하는 인종 차별을 뚜렷하게 확인할 수 있습니다. 예를 들어 미국식 발음으로 구사하는 영어는 아랍이나 인도식 발음으로 구사하는 영어보다 더 좋은 대접을 받죠. 인종 차별적인 농담을 할 때 특정한 억양을 흉내 내는 행동은 결코 단순한 우연이 아닙니다.

누군가가 재미로 한 말이라고 해서,
인종 차별적인 의도가 아니라고 단정할 수는 없습니다.
동남아식 억양을 흉내 내 누군가를 웃길 수 있다는 것은
아흐메드에게 이름을 '아메드'라 발음하라고 강요하는 것만큼이나
폭력적인 행동이라는 점을 기억하세요.

인터넷 용어와 온라인 소통

"오랜만에 연락한 애가 요즘 완전 잘 지낸다고 하더라.
안물안궁인데."

'안물안궁' 같은 인터넷 용어가 언어를 망친다고 경고하는 기사를 자주 봤을 거예요. 주변에서 비슷한 대화가 오고 갔는지도 모르겠네요. 그런데 이런 반응은 인터넷 언어의 복합적인 특징과 기능을 고려하지 않은 것입니다. 게다가 주로 청소년이나 젊은 층을 겨냥하면서 이들을 비난하는 구실로 써먹기도 하죠.

인터넷 용어를 사용하는 의사소통 방식은 1990년대 말부터 발달했습니다. 그때는 글자 수에 따라 메시지 요금이 달라졌기 때문에 제약이 많았어요. 내용을 줄이고 돈을 아끼는 데 가장 열을 올렸던 사용자들, 주로 청소년들은 메시지를 간단히 쓰기 위한 전략을 세웠습니다. 효율적인 동시에 빠르게 소통하기 위해 말을 만들었죠. 그런 식의 말들이 오늘날에는 온라인에서 널리 쓰이고 있습니다. 문자, 카톡, SNS를 포함해서 말이에요.

그런데 일반적인 생각과는 달리, 인터넷 용어를 구사하는 사람들은 결코 남들보다 게으르지 않습니다. 오히려 창의력이 더 뛰어난 경우가 많지요.

인터넷 용어를 쓰는 법은 다양합니다. 언어의 여러 원리를 바탕으로 삼는데, 그 가운데 가장 널리 알려진 특징은 다음과 같습니다.

• 소리 나는 그대로 쓰는 것이 가장 흔한 방식입니다. '아라써' 또는 '귀차나' 같은 사례나 '머선129'처럼 숫자와 글자를 결합한 경우도 있지요. 이를 표음주의적이라고 표현할 수 있어요. '아라써'와 같이 원래 말

에서 아주 큰 변화가 없을 수도 있고 '오케이'를 뜻하는 '오키'처럼 형태가 바뀔 수도 있습니다.

- 단어의 끝부분을 짧게 쳐내 '감사합니다'를 '감사'라고 말하기도 하죠. 여기서는 어말음 생략을 엿볼 수 있습니다.

- 각 단어의 첫 번째 글자나, 가장 중요하다고 여기는 단어의 앞 글자를 따서 약자를 만들기도 합니다. '현실 웃음'을 '현웃'이라 하거나 '깜짝 놀라다'를 '깜놀'이라 하는 것이 좋은 예입니다.

- 빠르고 간략하게 소통하기 위해 모음을 생략하고 자음만 남기기도 하지요. '인정'을 'ㅇㅈ', '응응'을 'ㅇㅇ'이라고 하는 것처럼 말이에요.

이 가운데 여러 방법이 섞여서 나타날 수도 있습니다. '이모티콘'을 '임티'라고 하는 것이 그런 예인데요, 약자와 음성적 축약이 섞여 있지요.

인터넷 용어는 온라인에서 소통하며 생겨났지만, 그렇다고 이 말들을 온라인에서만 쓰지는 않습니다. 우리는 축약한 인터넷 용어를 일상에서 대화할 때 쓰기도 하고, 'ㅋㅋㅋ'와 같이 흔히 쓰는 표현을 입으로 소리 내어 말하기도 합니다. 이처럼 말과 글이 서로 긴밀하게 오가면서 일상 언어를 풍부하게 만들지요.

그런데 이런 식으로 소통하려면 제대로 학습해야 합니다. 모든 사람이 인터넷 용어를 청소년과 젊은 층만큼 빠르게 익히지는 못하니까요. 거기에는 이유가 있습니다.

맞춤법과 달리, 인터넷 용어는 따로 교육을 받지 않습니다. 인터넷 용어와 그 다양한 변화 형태를 이해하려면 이를 쓰는 공동체의 일원이 되어야 하지요. 온라인 네트워크는 그러한 인터넷 용어를 만들고 사용하는 특별한 공간입니다.

이모티콘과 이모지를 살펴보면 온라인 소통에서 발휘되는 창의력을 다시금 발견할 수 있습니다.

• 이모티콘은 컴퓨터나 휴대 전화의 문자, 기호, 숫자를 조합해 만든 것입니다. 감정이라는 뜻의 'emotion'과 아이콘(icon)이 합쳐진 말이지요.

:) ;) :D ^^

표정을 나타낼 때 이와 같은 이모티콘을 사용하곤 합니다. 이용하는 플랫폼에 따라서 특정한 기호를 조합해 입력하면 자동으로 이미지로 바뀌기도 하고요.

• 이모지는 이모티콘을 확장한 개념이며, 말 그대로 '그림 문자'입니다. 표정을 나타내는 것뿐 아니라 여러 사물, 과일, 채소, 동물, 직업 등을 표현하는 이모지도 쓰이고 있습니다.

인터넷 용어와 마찬가지로 이모지와 이모티콘 또한 의사소통을 간단하게 하기 위해 쓰입니다. 감정을 문장으로 길게 표현하는 것보다 이미지 하나를 보내면 품이 덜 드니까요. 이모지와 이모티콘의 기능은 이뿐만이 아닙니다.

본래 이모티콘은 글에 함께 따라붙는 것 정도로 여겨졌습니다. 특히 말의 의도를 명확히 드러내는 목적으로 말이죠. 직접 만나 이야기를 나눌 때는 말이 아닌 다른 요소들을 통해서도 소통이 이루어집니다. 어조나 태도, 시선, 몸짓, 표정, 행동 등으로 말이죠. 이 모든 것이 글에는 잘 담기지 않습니다. 이모티콘은 그 빈자리를 채워 주고, 감정을 쉽게 전하도록 돕습니다. 웃는 얼굴, 우는 얼굴, 화가 난 얼굴을 만들어 전달하니까요. 말보다는 이미지를 사용해서 감정을 더 잘 표현할 수 있고, 재미를 더 크게 전할 수도 있지요.

 "좋아해."라고 글로 쓰는 것 대신 하트 이모티콘을 보내는 것은 감정을 비언어적으로 표현하는 한 가지 방법입니다.

이모지는 상형 문자와 비교되기도 합니다. 이러한 비교는 참 재미있는데요, 과연 '이모지 언어'도 존재할 수 있을까 질문할 수 있기 때문이죠. 실제로 이모지를 쓰면 전 세계 모두가 통역과 번역 없이도 소통할 수 있으니까요. 그러나 상형 문자와 달리 이모지는 문장을 구성하는 요소가 아니라 하나씩 따로따로 쓰는 독립적 요소라 여겨졌습니다. 그러니까 이모지에는 문법이 없는 셈이죠. 어쩌면 '아직' 없는 것일 수도 있고요.

이 점은 중요한 한계입니다. 그런데 이모지로 문장을 만들려는 시도가 나타나기도 해요. 최근에는 내용 전체를 이모지로만 구성해 온라인에서 소통하는 경우도 종종 볼 수 있습니다. 해독이 필요한 일종의 수수께끼가 되는 것이죠. 어떤 사람들은 이런 식으로 놀이를 하기도 합니다. 이모지를 이어 만든 내용을 해독해서 책이나 영화 제목을 맞히는 식으로 말이에요.

우리가 쓰는 이미지가 늘 뚜렷하거나 분명하지는 않기 때문에, 이런 식의 사용법은 오히려 재미있습니다. 이모지를 어떤 뜻으로 사용했는지를 이해하려면 맥락이 명확해야 합니다. 의사소통하는 사람들끼리 같은 배경지식을 공유해야 하고요. 이모지를 해석하는 데에는 별다른 제한이 없습니다. 그래서 우리는 이모지나 이모티콘을 자유롭고도 다양하게 쓸 수 있어요. 집단이나 사람마다 이모티콘을 쓰는 자기만의 규칙을 세울 수 있고, 고유한 활용법을 발달시킬 수도 있답니다.

참고

13쪽	출처(차례대로) • 『Le Progrès』 • 「France Info」
16쪽	헤드라인 출처(차례대로) • 『Libération Champagne』 • 『L'Union-Ardennes』 • 『Presse Océan』 • 『La Nouvelle République』 • 『Le Télégramme』 • 『Le Parisien』
18쪽	• '페미사이드' 용어 관련 기사를 펴낸 신문 : 『Le Figaro』『Le Point』『Libération』『Le Monde』 • '페미사이드' 용어를 일관성 있게 쓰는 신문: 『Mediapart』

말의 무게

초판 1쇄 발행 2022년 7월 27일
초판 3쇄 발행 2023년 11월 1일

글쓴이 뤼시 미셸 | **그린이** 미리옹 말 | **옮긴이** 장한라 | **펴낸이** 황정임
총괄본부장 김영숙 | **편집** 김로미 | **디자인** 이선영 이영아
마케팅 이수빈 윤인혜 | **경영지원** 손향숙 | **제작** 이재민

펴낸곳 초록서재(도서출판 노란돼지) | **주소** 10880 경기도 파주시 교하로875번길 31-14 1층
전화 (031)942-5379 | **팩스** (031)942-5378
홈페이지 yellowpig.co.kr | **인스타그램** @greenlibrary_pub
등록번호 제406-2015-000137호 | **등록일자** 2015년 11월 5일

ISBN 979-11-92273-00-6 43700

초록서재는 여린 잎이 자라 짙은 나무가 되듯,
마음과 생각이 깊어지는 책을 펴냅니다.